TIMOTÉ

fait du vélo

Emmanuelle Massonaud
Mélanie Combes

Gründ

Songeur, Timoté contemple son nouveau vélo.
– Papa, tu crois qu'on pourrait lui mettre un klaxon ? demande Timoté.
– Si tu veux, répond Papa, mais il faudrait d'abord que tu apprennes à t'en servir.
– Prends ton casque, dit Papa, et filons au parc pour apprendre à pédaler.

– Tu pousses sur tes pédales avec un pied, puis l’autre, dit Papa.
Timoté essaie mais c’est compliqué, le vélo n’avance presque pas.
– Ça ne marche pas ! s’énerve Timoté.
– C’est parce que tu appuies avec tes deux pieds en même temps, Chéri. On va essayer autrement.

– Je vais te pousser, dit Papa, et toi, tu suis le mouvement des pédales avec tes pieds.
– D'accord, dit Timoté.
Papa pousse. Les pieds de Timoté s'emmêlent un petit peu mais, tout à coup, ça marche : Timoté accélère tant et si bien que Papa est obligé de le lâcher.
– Bravo, champion ! crie Papa.

Timoté est fou de joie. Quel bonheur de faire du vélo tout seul ! Tiens, voilà Lila qui arrive en trottinette.

– On fait la course ? demande Timoté.

– Si tu veux, répond Lila.

– À vos marques, prêts, partez ! crie Timoté.

Mais, tout à coup, Lila, qui veut éviter un caillou, dérape, glisse et badaboum ! elle se retrouve les fesses par terre !

– Tu t'es fait mal ? lui demande Timoté, désolé.

– Pas trop, répond Lila. Mais j'ai eu peur de te rentrer dedans.

– Tout va bien, Lila ? demande Maman qui vient d'arriver avec Rose.

Tûûût ! Pouet ! Tiens, voilà Maxou !
– Waouh ! ton vélo est super ! dit Maxou.
Tu me le prêtes ?
Timoté hésite, ça l'ennuierait tellement
que Maxou abîme son vélo tout neuf.
– Bon, d'accord, dit Timoté, mais fais attention.
Et là, Maxou le coquin a une très mauvaise
idée.

Il file à toute allure, tourne à droite, tourne à gauche et disparaît derrière un arbre. Timoté est désemparé, il ne sait plus où sont passés Maxou et son beau vélo bleu.

– Coucou ! finit par crier Maxou, au bout d'un long moment, je t'ai fait une blague !
– C'est pas drôle, dit Timoté, très fâché. Rends-moi mon vélo !

Pour rentrer à la maison à vélo, il y a des règles à respecter.

– Écoute-moi bien, dit Papa. Tu t'arrêtes avant la sortie des garages. Interdiction de traverser tant que le petit bonhomme du feu n'est pas vert. Et surtout, surtout, tu ne files pas au loin.

– Sinon ? demande Maman.

– Sinon, plus de vélo ! murmure Timoté.

Fais bien attention
aux sorties de garages.

Attends que le petit
bonhomme soit vert.

Reste près
de la poussette
de Rose.

Le lendemain, en arrivant à l'école, Maxou tend un paquet à Timoté.

– C'est pas mon anniversaire, dit Timoté.

– Hier, je t'ai fait une trop mauvaise blague, s'excuse Maxou.

Et que découvre Timoté dans le paquet ?

– Oh ! Un klaxon pour mon vélo ! s'écrie Timoté, ravi. T'es vraiment chouette, Maxou !

Le dimanche suivant, c'est Papi et Mamie qui accompagnent Timoté au parc.
À peine la grille du parc franchie, Timoté file comme une flèche, trop content de montrer ses exploits. Il tourne, vire et virevolte en klaxonnant à tue-tête…
– Bravo, mon lapin ! applaudissent Papi et Mamie.

Très fier de lui, Timoté vient saluer son public enthousiaste.
– Eh bien, moi, dit Papi, je sais ce qu'on fera quand tu viendras à la maison ! On enlèvera les petites roues !
– Mais faire du vélo sans petites roues, c'est difficile ? demande Timoté, un peu inquiet.
– Pour un champion comme toi, ce sera super facile ! dit Papi, très sûr de lui.

Fin

Je joue et j'apprends avec TIMOTÉ !

Les Devinettes De Timoté !

1. Mon petit bonhomme t'indique si tu peux traverser. **Qui suis-je ?**
2. Je sers à avertir les autres d'un danger ou de ma présence. **Qui suis-je ?**
3. Je suis un panneau qui t'indique de marquer l'arrêt. **Qui suis-je ?**
4. Tu dois suivre mes lignes blanches pour traverser. **Qui suis-je ?**

le klaxon

le stop

le feu vert

le passage piéton